Guarigione energetica per principianti

Capire facilmente la guarigione energetica, applicarla da solo o trovare un guaritore adatto.

-inclusi gli esempi di Reiki, Guarigione Spirituale, Omeopatia, Sali di Schuessler, Fiori di Bach, Psicocinesiologia, Cronaca Akashica ed EFT

Paula Friedberg

CONTENUTO

Cosa può aspettarsi da questo libro

Questa piccola guida è stata scritta per coloro che sono interessati ad avvicinarsi per la prima volta al tema della "Guarigione Energetica". Unisciti a me in un viaggio nel mondo del modo olistico ed energetico di vedere e di guarire, nelle idee dei guaritori energetici sulla struttura del nostro universo e sull'essere umano come essere energetico.

In questo piccolo libro vorrei darle una prima visione del mondo della guarigione energetica. Ci immergiamo nel mondo dell'energia e dell'informazione, nell'immagine umana dei guaritori energetici, esaminiamo i tentativi scientifici di spiegare il come e il cosa del nostro mondo e il pensiero dei guaritori.

Visualizzi con me alcuni modi diversi per stimolare, sostenere e dirigere i nostri poteri di autoguarigione.

Se i modelli di spiegazione scientifica le sembrano troppo teorici, non le interessano o ha un'avversione per la fisica e i modelli, allora continui a scorrere. Cercherò di avvicinarla all'argomento anche senza questi modelli e forse, se dovesse scoprire la guarigione energetica come possibile percorso per sé, un giorno nascerà in lei la necessità di saperne di più sul possibile "dietro". Uno semplicemente lo fa, un altro vuole capire per potersi dare completamente alle cose. Qualunque sia il suo tipo, ciò che conta è seguire la SUA strada. Non c'è giusto e non c'è sbagliato, ma solo fatto o solo pensato.

Naturalmente non è possibile e non renderebbe giustizia alla serietà del tema della salute presentare qui la pretesa di un compendio completo della guarigione energetica. I modi, gli approcci e i punti di vista delle persone sono così diversi e variegati che non ci si può aspettare un "libro di testo" completo. Sicuramente non troverà nell'elenco un metodo o l'altro di cui ha sentito parlare o che ha già provato. Soprattutto quando ci allontaniamo dal sentiero stretto dei metodi scientificamente provati e pensiamo fuori dagli schemi, non saremo in grado di coprire tutto e trattarlo in questo libro. Pertanto, mi concentro su un'introduzione al tema e su alcuni metodi che potrà utilizzare per sé come cliente o per uso personale e nella sua cerchia familiare.

Una volta che si è aperto al tema e ha iniziato con uno o l'altro, continuerà rapidamente a cercare e a trovare. Incontrerà altre persone che la condurranno su nuovi sentieri e/o la accompagneranno, utilizzerà Internet con la sua offerta quasi illimitata di informazioni, leggerà libri sui diversi metodi di guarigione e percorsi spirituali. Ogni percorso inizia con il primo passo.

A questo punto vorrei condividere con voi un principio guida che mi ha accompagnato da quando l'ho letto con un'amica guaritrice e che mi ha sempre riportato sul mio cammino quando ho avuto dei dubbi sulle mie azioni e sui loro risultati:¶

"C'è un tempo per ogni cosa".

Che cos'è la guarigione energetica?

Non troveremo una definizione scientifica, perché cercheremo invano anche una "spiegazione scientifica" o una "prova scientifica" della guarigione con l'energia e l'informazione, almeno secondo i modelli e i punti di vista generalmente ancora prevalenti. Quindi affrontiamo la definizione dal punto di vista del guaritore.

DEFINIZIONI DAL PUNTO DI VISTA DI UN GUARITORE ENERGETICO

La guarigione energetica non è un termine standardizzato o protetto. In linea di principio, ogni guaritore, così come ogni auto-utente, può chiamare energetica la sua "imposizione delle mani", il suo dono speciale di ascoltare, dare conforto, lavorare spiritualmente, dare Reiki, ecc. e vederla così per se stesso, se lo desidera.

Alcuni operatori parlano anche di "medicina informativa" in relazione ai metodi di guarigione energetica. A volte incontriamo questa terminologia con i medici che hanno ampliato o specializzato il loro campo di attività e, ad esempio, testano kinesiologicamente i rimedi omeopatici, spagirici o di altro tipo (ne parleremo più avanti), scoprono le credenze adatte o lavorano con l'"acqua informata", per citare solo alcuni esempi. Ma anche i medici alternativi utilizzano questo termine. Difficilmente troverà questo termine utilizzato dagli auto-utenti e dai guaritori spirituali, perché solo i medici e gli operatori non medici sono autorizzati a praticare la "guarigione" e quindi è molto importante una demarcazione nella formulazione per gli utenti che non appartengono a queste due professioni. Non possono "fare promesse di guarigione", non possono fare diagnosi e non possono praticare la "medicina curativa". Il significato di ciò è definito dalla legge.

La "Legge sull'esercizio professionale della medicina senza certificato medico" (Heilpraktikergesetz, abbreviato in HPG) del 1939 si applica ancora qui. (*Heilpraktikergesetz, abbreviazione HPG*)

La Sezione 1 dell'HPG afferma:
(Fontewww.gesetze-im-internet.de/heilprg/__1.html)

"(1) Chiunque desideri esercitare la professione medica senza essere qualificato come medico, dovrà ottenere l'autorizzazione a farlo.

(2) Per pratica della medicina ai sensi della presente Legge si intende qualsiasi attività professionale o commerciale volta a diagnosticare, curare o alleviare malattie, sofferenze o lesioni corporali negli esseri umani, anche se svolta al servizio di altri".

Vorrei darvi il punto di vista di un guaritore energetico e consulente di vita, come lo descrive ai suoi clienti: *(Fonte www.zwei-strich-sinus.de/heilen.html)*

"Si può intendere la guarigione energetica come una descrizione sintetica delle procedure di guarigione in cui, ad esempio, le informazioni o l'energia vengono trasferite con le mani, spesso senza alcun contatto fisico. Anche il lavoro con i simboli, i bicchieri colorati, i meridiani, i chakra e molto altro si svolge a livello 'energetico', 'informativo'".

In una cartella informativa per i pazienti, il guaritore descrive il suo lavoro in questo modo:

(Fonte_Maik Gollas, Life Counsellor e Terapeuta Energetico, Cartella informativa per i pazienti 2014)

"Di norma, intendiamo con essa (guarigione spirituale, d. V.) i più diversi tipi di guarigione, in cui, ad esempio:

- *si presume che "tutto ciò che è" sia costituito da energia.*
- *l'essere umano non viene ridotto a un essere biochimico-fisico, ma viene visto e trattato come un'unità di corpo, mente e anima.*
- *lavorare con e trasmettere informazioni e vibrazioni.*

- *comunica con l'anima e il subconscio dell'essere umano".*

COME MI VEDE IL GUARITORE ENERGETICO?

La maggior parte dei guaritori energetici la vede come un essere olistico, composto da materia, circondato dai suoi corpi energetici, nel senso di diversi strati, e la percepisce "olisticamente". L'olismo è l'insegnamento dell'intero, dove "holos", dal greco, significa "intero". Il significato cruciale sta nel fatto che, olisticamente, "il tutto è più della somma delle sue parti".

Voglio darle un piccolo esempio di modi diversi di vedere la stessa cosa.

Immagini di trovarsi in una galleria e di osservare le opere esposte. Sta guardando un bellissimo quadro che mostra un paesaggio pittoresco. Su una piccola panchina al lato del percorso, accasciato e apparentemente impotente, siede un signore anziano con un cappello, che stringe il suo bastone da passeggio, che sembra quasi non riesca a tenere.

Il suo sguardo è fisso a terra senza espressione, le sue mani segnate da ciò che sembra essere decenni di duro lavoro, la sua testa china per i molti fardelli della vita, i suoi occhi spenti perché hanno visto così tanto per così tanto tempo. La solitudine e la tristezza le parlano da ogni pigmento di colore con cui il pittore ha immortalato l'anziano.

Dalle nuvole esce un fascio di luce bianca, che colpisce questo signore anziano e lei pensa: ...

Lascio a lei la scelta di come interpretare questa immagine, il suo cuore le mostrerà la strada.

Improvvisamente, un dipendente della galleria accanto a lei, vestito in modo ordinato con un luminoso camice bianco, inizia a parlare e la distoglie dai suoi pensieri. Non può non notare la sua voce, è proprio accanto a lei e parla dello stesso quadro che lei ha toccato con attenzione per tutto questo tempo con gli occhi, con il cuore e forse anche (senza che nessuno lo vedesse) con le mani. Il membro del personale spiega ad un altro visitatore:

"Abbiamo davanti a noi un pezzo di tela, di forma quadrata di 60 x 80 cm. La tela è incorniciata da un telaio in legno di grado 1, tagliato in Canada nell'ottobre 2018. La tela ha una densità del tessuto pari a X e una pesantezza pari a Y. Il dipinto è ulteriormente composto da coloranti aziendali Z, con il giallo al 45% e il verde al 35%.

Ciò che spicca è la bassa concentrazione del colore viola, solo lo 0,25%.

Il tutto si intensifica ulteriormente per descrivere completamente il quadro.

Quando ascolta questa interpretazione del dipinto, ritiene che renda giustizia all'opera d'arte nel suo complesso? Il dipinto è ben descritto, esprime il suo vero significato?

Certo, questa immagine non sarebbe questa se fosse stato utilizzato più rosso e meno verde. Ma è tutto qui? Potrebbe indovinare dall'interpretazione del dipendente della galleria che cosa esprime il quadro? Quale stato d'animo crea, cosa irradia e qual è il fattore realmente decisivo nel quadro nel suo complesso? Certamente non il luogo di origine del legno della cornice.

Lei percepisce di più nel quadro che nel dipendente. Tuttavia, non può dimostrare scientificamente la sua percezione. Potrebbe?

E l'essere umano può essere visto e trattato in modo altrettanto diverso. Il medico che pensa in modo olistico e il professionista alternativo non guarderanno solo il laboratorio e i sintomi, ma guarderanno l'intero essere con le sue emozioni, i suoi traumi, le componenti energetiche, ambientali, nutrizionali, ecc. componenti.

Il guaritore energetico che non appartiene a questi gruppi professionali la percepirà a modo suo e rafforzerà i suoi poteri di autoguarigione. Sia attraverso l'imposizione delle mani o la guarigione a distanza, sia attraverso un approccio spirituale in cui viene fuori la sua anima, il suo piano animico, o dipingendo segni su di lei. Potrebbe analizzare la sua gestione dei problemi ricorrenti nella vita e forse le spiegherà che lei è il creatore del suo mondo esterno.

A seconda del suo punto di vista, il suo percorso la condurrà a sua volta verso un guaritore di questo o quel tipo. Se i tempi non sono ancora maturi, potrebbe tornare a casa insoddisfatto. Forse solo all'inizio, per poi rendersi conto che "non aveva poi così torto". Oppure si troverà immediatamente sulla stessa lunghezza d'onda con il suo guaritore, accetterà e svilupperà quando i tempi saranno maturi.

Il guaritore energetico di solito segue più o meno consciamente o inconsciamente, a seconda della sua visione del mondo, l'idea che in ultima analisi tutto è costituito da energia e informazioni. Cerca di far fluire nuovamente e in armonia questa energia, per ripristinare l'"ordine". Per farlo, utilizza, tra le altre cose, la trasmissione di informazioni. Se attraverso l'"acqua informata", i segni körblerici, l'imposizione delle mani, la conversazione o altro, dipende dal suo metodo.

Il guaritore energetico la vede quindi innanzitutto non come un essere puramente materiale, biochimico, i cui sintomi devono essere eliminati, ma come un essere complesso, energetico, che vorrebbe sostenere e guarire più o meno anche a questo livello.

A seconda del suo background, del suo sviluppo e della sua impronta, il guaritore energetico seguirà questo punto di vista in parte o completamente. Quindi può incontrare guaritori che sono ancora molto legati alla struttura, cioè alla parte materiale del corpo e al punto di vista, ma che possono sicuramente fare molto per lei, ma anche guaritori che sono molto influenzati spiritualmente e che le parleranno maggiormente del suo sviluppo spirituale, della sua anima e di lei come creatore della sua realtà.

LA GUARIGIONE ENERGETICA FUNZIONA O È TUTTA UNA MONTATURA?

Per un guaritore energetico e per la grande maggioranza dei suoi pazienti o clienti, questa domanda non si pone. Il guaritore conosce i suoi successi, il paziente o cliente sperimenta cosa cambia o meno dopo una visita con lui. Dopo di che prenderà la sua decisione. Ma c'è una cosa di cui dobbiamo essere consapevoli quando prendiamo la nostra decisione: un dente che è stato tolto non ricresce, un intestino che è stato maltrattato per decenni non guarisce in una sola seduta. E poi c'è la piccola ma importante domanda: "A cosa mi serve la mia malattia?".

Una cosa che non deve aspettarsi quando percorre il sentiero della guarigione energetica è di consegnare un corpo con problemi e di riprendere un corpo e una vita senza problemi. Può essere felice quando il dolore scompare rapidamente, la causa della lunga sofferenza è stata trovata, l'intuizione per gli eventi ricorrenti è presente, ma di solito c'è un percorso più lungo davanti a lei per diventare veramente guarito. Guarigione nel senso di "essere integri e in armonia con se stessi". Il suo corpo probabilmente le invierà dei sintomi per tutta la vita, come segnale e linguaggio del subconscio. Ma lavorare con esso va oltre lo scopo di questo libro.

Vorrei darle una piccola visione di un punto di vista che potrebbe aiutarla ad analizzare i suoi sintomi. Non tutti possono e vogliono seguire questo punto di vista, ma non è questa la mia intenzione.

Immagina che il tuo corpo sia l'involucro della tua anima o, se non ti piace, che ci sia solo tu, la parte che sei veramente. Poiché può osservare se stesso, il suo corpo, le sue azioni, non può essere il suo corpo allo stesso tempo.

Quindi supponiamo che qualcosa, a cui può dare il nome che desidera, abiti questo, il suo corpo. Forse questo è sufficiente per ora. Questo corpo le parla. Attraverso gli acciacchi, poi i dolori, poi le limitazioni più grandi. Ma anche attraverso le cose che le accadono ripetutamente nella sua vita, il suo corpo cerca di renderla consapevole di qualcosa che dovrebbe cambiare nella sua vita. Avrà sempre le stesse esperienze, ma sempre più "forti". Alcune cose attraversano la sua vita come un filo conduttore e lei continua a chiedersi: "Perché io, perché proprio io?". Se ascolta o ignora i suoi segnali, le invierà un problema più grande. Comunque sia, se seguiamo questa tesi, lei ha con il sintomo un portavoce della sua anima. Deve solo imparare a comprenderlo.

Per saperne di più, forse in un altro libro, ci allontaniamo troppo dal titolo di questo libro. Ma forse capirà perché a volte non è possibile curare certi sintomi o solo rimandarli. Se le cause non vengono rimosse, i sintomi ritornano, in un modo o nell'altro. Guarire significa innanzitutto riconoscere e lavorare su se stessi. Chi approfondisce questo argomento e questo modo di vedere le cose può vedere che attiriamo sempre nella nostra vita ciò di cui abbiamo bisogno per poterci sviluppare. Noi siamo il trasmettitore, gli altri risuonano con noi o meno. Oppure un altro "invia" e noi entriamo in risonanza con lui o no.

Un aspetto positivo di tutto questo è che solo noi possiamo cambiare ciò che inviamo e solo noi possiamo determinare se questo o quello continua a incrociare il nostro cammino. In questo modo possiamo attrarre cose belle nella nostra vita, ma anche continuare il "filo rosso" che ci segue da tempo.

Non dipende dagli altri, dipende da noi. Se spegniamo il nostro ego, la nostra mente giudicante, e riconosciamo questo, diventiamo i creatori di un altro esterno che ci incontra.

A questo punto terminiamo la nostra piccola escursione nel mondo dell'interpretazione dei sintomi, del "linguaggio del corpo" e dell'essere umano come creatore. Se siete interessati, vi rimando ai libri di Ruediger Dahlke e, facendo un passo avanti, di Kurt Tepperwein. Ci sono innumerevoli libri e video impressionanti di entrambi, che possono certamente dare a uno o all'altro lettore una nuova prospettiva.

Ci sono molte persone che, dopo essere state "trattate" dalla medicina convenzionale, hanno trovato un partner in un guaritore o in un operatore alternativo che lavora energeticamente e che ha alleviato le loro sofferenze o almeno le ha rese più sopportabili. Si possono leggere molti casi di studio su Internet (più avanti si parlerà di questa fonte) o libri di persone che hanno scritto la loro storia di sofferenza di conseguenza. Non possiamo proiettare questi casi su tutti i casi, non possiamo affermarlo de facto, ma è certamente un percorso che può essere seguito. E sono sicura, attraverso il mio percorso e la ricerca in questo libro, che un giorno saremo in grado di spiegare esattamente il perché. Da parte mia, ho trovato la spiegazione molto tempo fa, ma si tratta di un processo e di uno sviluppo che tutti dovrebbero sperimentare in prima persona.

Tuttavia, se oggi, forse per essere in grado di prendere una decisione per sé, ha bisogno di una spiegazione e di una "prova" scientificamente valida per la guarigione energetica, con prove scientifiche nel senso di

"1000 persone avevano questo problema, 500 persone del gruppo sperimentale sono state trattate con lo stesso segno Körbleric dipinto o con quella posizione della mano o con quel rimedio omeopatico - oltre 450 dei partecipanti trattati allo stesso modo hanno mostrato un miglioramento dei loro sintomi fino all'assenza di disturbi e meno di 50 partecipanti del gruppo placebo non hanno mostrato cambiamenti significativi, per cui l'efficacia della guarigione energetica sembra essere scientificamente provata e un effetto placebo può essere *ampiamente escluso",*

rimarrà deluso. Noi, o una parte di noi, non abbiamo ancora raggiunto questo punto. E a mio avviso, sarebbe anche in contraddizione con la visione e l'approccio dei guaritori alternativi e con i fondamenti del lavoro di guarigione energetica. Perché è proprio un rimedio (omeopatia) che si sintonizza con l'essere concreto dell'essere umano nella sua interezza, non limitato al sintomo, la giusta vibrazione in risonanza, che è esattamente adatta a questa persona con questa causa di uno stesso sintomo in più persone, che esclude un trattamento uguale di molte persone con metodi di trattamento identici. Uno stesso rimedio energetico non può avere lo stesso effetto su tutte le persone con gli stessi sintomi. L'essere umano è più del suo sintomo.

Sorge anche la domanda: perché il "barile" è traboccato? Il nostro corpo assorbe molte cose nel tempo. Traumi da parto, ferite emotive, stress nella vita quotidiana, tossine ambientali, malnutrizione, alcol, sigarette, antibiotici, solo per citarne alcuni. Inoltre, molte persone soffrono di malattie acute o croniche e di cambiamenti nel tratto digestivo. Non tollerano più molti alimenti, reagiscono in modo allergico. Morbo di Crohn, colite ulcerosa, intolleranza all'istamina (HIT), intolleranza al sorbitolo (SI), sensibilità al glutine, l'elenco è diventato sempre più lungo negli ultimi anni.

Si sviluppano carenze di vitamine di base, minerali, oligoelementi e altro ancora. Gli organi di disintossicazione si sovraccaricano o "crescono con i loro compiti", vedi il nostro fegato.

E poi, un giorno, quando il barile sarà pieno fino all'orlo, basterà una goccia per farlo traboccare. Se ora cerca solo l'ultima goccia, ad esempio il virus, e si limita a questo trattamento, non riuscirà a curare l'essere umano.

Sopprimerà il sintomo, come chi toglie solo la goccia più piccola dal barile. Può immaginare lei stesso cosa accadrà la prossima volta che pioverà un po'. Con questo intendo dire che se il suo sistema stava per rovesciarsi e un piccolo fattore scatenante (un virus o anche una cattiva notizia) lo ha fatto traboccare, cioè cadere, non migliorerà se si occuperà solo dell'ultimo "fattore scatenante". Non se vuole veramente "guarire".

Da un punto di vista olistico, e questo è seguito dalla maggior parte dei guaritori energetici che lavorano "con l'input", cioè non solo come puro canale per l'energia, dovrebbe innanzitutto scoprire che cosa costituisce la quantità maggiore, il pezzo più grande nel suo "barile". Cosa occupa più spazio? Cosa indebolisce maggiormente il suo 'sistema umano'? Che cosa ha riempito il suo barile (restiamo su questo esempio figurato) così tanto che nemmeno una goccia potrebbe entrarci? Ha senso rimuovere la goccia dal barile quando questo è pieno fino all'orlo di ogni tipo di spazzatura? ¶ Proprio per questo motivo, un guaritore olistico, un guaritore energetico, non si occuperà solo dell'ultima goccia, ma del barile stesso, non può prendere un solo rimedio per la goccia di 10, 100, 1000 persone che sono state sommerse dalla goccia (virus), ma cercherà fino a quando non avrà individuato i grumi più grandi nel barile e poi sceglierà lo strumento appropriato con cui potrà rimuovere questi grumi.

Inserisca questo in uno studio scientifico, come descritto sopra. Come dovrebbe funzionare con la comprensione della "prova scientifica" che è ancora prevalente oggi? Ciò che è necessario in questi casi è una base di comprensione diversa, una visione diversa delle cose rispetto a quella che attualmente ci viene ancora trasmessa come standard e che molte persone seguono da sole nella formazione delle loro opinioni.

Ho sperimentato più volte che le persone hanno cercato ogni tipo di spiegazione, solo per non dover ammettere ciò che hanno sperimentato nel proprio corpo, ossia che il lavoro energetico aveva funzionato. Erano in grado di camminare di nuovo, il loro pollice ferito (un infortunio sportivo di diverse settimane) era privo di sintomi da un giorno all'altro, un test kinesiologico della lunghezza del braccio indicava ciò che solo loro potevano sapere, ecc. Soprattutto le persone molto "alte", per lo più del settore degli studi, spesso non riescono ad accettare quello che è appena successo.

Non rientra nella visione del mondo. A molte persone non piace nemmeno parlare del fatto che sono state da un guaritore energetico, un guaritore spirituale, uno psicocinesiologo. C'è la vergogna di ciò che gli altri potrebbero pensare di lei. Le cose più semplici sono state fatte a pezzi e si è cercato di spiegarle con le probabilità, il placebo, l'aspettativa, ecc. Se solo alcune persone sapessero di quale senso di realizzazione si stanno privando.

MODELLI SCIENTIFICI O "COME FUNZIONA LA GUARIGIONE ENERGETICA?".

Esistono approcci esplicativi, studi, trattati scritti, conferenze in occasione di congressi e molto altro, in cui si cerca di spiegare il lavoro e gli effetti osservabili delle azioni dei guaritori energetici o dei metodi di guarigione energetica con i modelli scientifici attuali. Negli ultimi anni, si è cristallizzato il seguente approccio.

Tutto vibra - tutto è energia

Il nostro mondo è composto da (dati leggermente diversi):
5 % materia visibile
25 % di materia oscura
70 % di energia invisibile.

Quindi, prendiamo innanzitutto nota del fatto che, secondo il consenso scientifico, solo il 5% del nostro mondo è costituito da ciò che percepiamo con i nostri sensi 'normali' e che interpretiamo come 'ciò che è'.

Teniamo inoltre presente che l'atomo che tutti conosciamo, e che riteniamo 'responsabile' come elemento di base della nostra materia, è composto per il 99,999999999 % da 'spazio vuoto'.
(Fonte: Dr. Ulrich Warnke, filosofo quantistico,
https://magazin-forum.de/de/news/leben/%C2%84wir-bestehen-zu-99-prozent-aus-vakuum%C2%93)

Non ha letto male, c'è il numero 99 con altri nove nove dopo il punto decimale. Quindi siamo composti dal 99,9999999% di vuoto. Difficile da immaginare, vero? Altre pubblicazioni menzionano regolarmente solo il 99,9999 %, ma non credo che questo sia significativo per il nostro modo di vedere le cose. Ma è piuttosto sorprendente: se la materia è costituita da oltre il

99% di nulla, significa che anche noi siamo costituiti da oltre il 99% di nulla. Quindi, con i nostri sensi 'normali', percepiamo solo il 5% di ciò che c'è, che consiste in oltre il 99% di nulla. Un'idea spaventosa.

Un campo da calcio viene spesso utilizzato come esempio illustrativo per confrontare il rapporto tra il nucleo atomico e il guscio atomico (elettroni orbitanti). Il nucleo atomico corrisponde alla testa di uno spillo al centro di un campo da calcio e il guscio rappresenta la linea esterna del campo.

Questo rende piuttosto chiaro il significato di questo 99,9999999 %.

Ma continua. Quando andavo ancora a scuola, l'atomo era considerato "l'ultima particella indivisibile" secondo il programma di studi, basato sul modello di Democrito dell'atomo. Poi è arrivata la scoperta che il nucleo atomico è composto da protoni e neutroni, le particelle subatomiche, i quark, la fisica quantistica è diventata sempre più nota, la teoria delle stringhe è apparsa all'orizzonte scientifico e molto altro ancora.

I protoni e i neutroni, ad esempio, sono composti dai cosiddetti quark. Come fonte di informazioni per ulteriori approfondimenti, posso consigliare, tra gli altri, "Ecosistema Terra - La struttura della materia" *(https://www.oekosystem-erde.de/html/exkurs-02.html).*

Più la scienza si addentra nelle particelle più piccole, più entra nel regno dei campi, delle onde e delle oscillazioni, che poi si leggono così, ad esempio:

"A causa della loro natura quantistica, le particelle subatomiche non possono essere considerate come particelle classiche. Piuttosto, i fenomeni quantistici come la dualità onda-particella, le relazioni di incertezza, le fluttuazioni del vuoto e le particelle virtuali compaiono nella descrizione fisica del comportamento e delle reazioni delle particelle subatomiche.¶

I praticanti della medicina dell'informazione e della guarigione energetica traggono l'essenza dalle varie scoperte scientifiche e dai modelli di pensiero che, in ultima analisi, tutto è costituito da vibrazioni. Il dottor Masaru Emoto, un ricercatore giapponese, ha osservato i cristalli d'acqua congelati e ha scoperto che l'acqua cambiava quando veniva esposta a parole, pensieri, musica. Le parole o i pensieri positivi, la musica melodica, producevano cristalli d'acqua belli e simmetrici. Se l'acqua veniva esposta a pensieri negativi, insulti o musica heavy metal, i cristalli d'acqua erano caotici fino al punto di rompersi. Gli esseri umani sono composti per circa il 70% di acqua. Come pensa che le differenze, le informazioni, le vibrazioni e persino le onde del cellulare influenzino questa parte del corpo?

Ci sono utenti che "informano" sull'acqua e poi la bevono a sorsi. Coloro che parlano con le loro piante e sono felici della loro fioritura potranno seguirmi.

Ci sono molte domande, molti modelli e molte spiegazioni, ma alla fine non ci sono ancora risposte univoche che durino per sempre.

Gli approcci della fisica quantistica sono interessanti. Per esempio, un contributo della Società Max Planck intitolato "Particelle quantistiche in danza sincrona" descrive

"Come per magia, orologi a pendolo apparentemente indipendenti possono unirsi per ticchettare simultaneamente e in modo sincrono. Il fenomeno della 'sincronizzazione auto-organizzata' si verifica spesso in natura e nella tecnologia ed è un'area di ricerca centrale del team di Marc Timme dell'Istituto Max Planck..."

"Gli esempi non si limitano alle oscillazioni meccaniche. Questo esiste anche in molte reti biologiche diverse", spiega Timme: "Nel cervello, il fenomeno si verifica nella sincronizzazione degli impulsi nervosi".

Solo ieri ho visto un video chiaro con un set-up sperimentale in cui una persona aveva appeso due palline da tennis sopra un diapason con 440 Hz, che poggiava contro il lato della forchetta. Se colpiva un secondo diapason vicino a questo, che era calibrato su una frequenza diversa, non succedeva nulla. Non appena colpiva un diapason che vibrava anch'esso a 440 Hz, il diapason montato in modo permanente entrava in risonanza, come si poteva vedere dal rimbalzo delle palline da tennis.

Se vuole approfondire la questione, dovrebbe esaminare gli attuali modelli cosmologici, la fisica quantistica o meccanica quantistica, la teoria delle stringhe e altri modelli. Lì troverà alcuni approcci interessanti, che sono piuttosto interessanti come spiegazione di un effetto della guarigione energetica e della medicina dell'informazione. Sono anche dell'opinione che, in ultima analisi, tutto è energia e informazione. E quindi un guaritore esperto può sentire la sua strada in un'altra persona, percepire ciò che l'ambiente non può vedere e che un apparecchio medico non può ancora rilevare. Nel campo dell'informazione possono apparire cose che non si sono ancora manifestate a livello fisico.

Quanto spesso siamo "sulla stessa lunghezza d'onda" con qualcuno o no, possiamo "sentirne l'odore" o no? Sa quando qualcuno dice qualcosa che ci scatena, che ci attrae? O, al contrario, non ce ne importa nulla?

Nel primo caso, entriamo in risonanza, qualcosa ci parla. L'altra persona ha toccato il punto dolente. Nel secondo caso, non accade nulla di simile. Arriva un'informazione e non incontra alcuna risonanza. Non rispondiamo.

POTERI DI AUTOGUARIGIONE

Sperimentiamo più volte che il nostro corpo si cura da solo. Combatte gli agenti patogeni, si occupa di virus, batteri, funghi e altri. Permette alle ferite di guarire, disintossica il nostro corpo ed espelle. Non c'è bisogno di definirlo, il nostro corpo ha la capacità di guarire se stesso ed è fondamentalmente programmato per farlo.

Tuttavia, ci sono anche situazioni in cui il nostro corpo non può guarire da solo con le proprie forze. I poteri di auto-guarigione possono anche essere gravemente indeboliti fino al punto in cui si sono quasi fermati. Allora la minima causa, altrimenti non problematica per il nostro corpo, è sufficiente a sconvolgere il sistema. I terapeuti conoscono anche il fenomeno del blocco della guarigione.

Forse lo ha già osservato in se stesso. Si reca dal medico, da un operatore alternativo, da un osteopata o da un guaritore energetico e, a prescindere dagli sforzi compiuti, il suo corpo non risponde. Il trattamento, che si tratti di medicina convenzionale (se non mira esclusivamente a eliminare i sintomi) o di un terapeuta, non funziona. Le reazioni abituali al trattamento non hanno luogo. Alcuni terapeuti si rassegnano, proprio come il paziente o il cliente. In questo caso è importante scoprire le cause dei blocchi di guarigione.

Ci sono ancora blocchi importanti, stress emotivi, tossici, traumatici o di altro tipo che devono essere superati prima, in modo che il corpo possa reagire di nuovo? Può ritrovare la sua autoregolazione? Nella pratica, i test kinesiologici, ad esempio, si sono rivelati molto utili in questo caso.

Oppure il paziente/cliente, dal punto di vista della "malattia come percorso", ha ancora bisogno di questi sintomi? La "malattia come percorso" descrive la visione secondo cui il nostro corpo è il portavoce del nostro subconscio, della nostra anima. Ci comunica attraverso i sintomi ciò che non vediamo, non sentiamo, non comprendiamo.

Un esempio per illustrare

Nel corso del tempo, una paziente sviluppa crescenti limitazioni di movimento, finché alla fine non è più in grado di camminare. Il medico di base la indirizza a un ortopedico che, dopo un esame approfondito e senza una diagnosi, la indirizza a un neurologo che, non riuscendo a trovare nulla, consiglia alla paziente di rivolgersi a uno psicologo, dicendo che il problema è "psicosomatico" e che non esiste una spiegazione fisica, strutturale o biochimica.

Il paziente arriva, forse dopo un altro lungo viaggio, da un terapeuta che pone le domande in modo diverso. Ascolta la storia di vita e le circostanze del suo cliente, forse fa anche dei test (psico)kinesiologici e quindi ottiene risposte direttamente dal subconscio del suo cliente. Alla fine, diventa chiaro e causale che la cliente si sente molto male al lavoro, ma ha continuato a farlo per anni a causa di paure finanziarie e sopprime i segnali del suo corpo. Forse si arriva anche al trauma originale che alla cliente è stato insegnato dai suoi genitori che potrà essere finanziariamente sicura e stare saldamente nella vita senza rischi.

La paziente sa che sente che questo lavoro la sta privando della sua forza, che la sua gioia di vivere sta diminuendo, ma "deve essere fatto" è saldamente ancorato nel suo pensiero. E ora il suo corpo inizia a parlare. Diventa il portavoce della sua anima. All'inizio, le mandava svogliatezza, perdita di appetito, un cattivo sonno notturno. Era troppo poco, la sofferenza non era abbastanza grande da provocare un cambiamento nella sua vita. Poi le inviò il dolore al ginocchio, con il quale continuava a trascinarsi al lavoro ogni giorno. Quando altri sintomi, sebbene trattati, rimanevano 'inascoltati' o 'incompresi', le inviò l'immobilità. Che si trattasse di un'ernia del disco, di una sciatica o di altro, era abbastanza forte da non poter più essere ignorato. La pressione della sofferenza divenne così grande che la cliente iniziò a riflettere completamente sul significato della sua vita.

Se c'è qualcos'altro oltre a questo lavoro? Se è questo ciò che la vita ha in serbo per lei? Se non ci sia un'altra strada e se non sia il momento di pensare davvero a se stessa per una volta? E questo non significa l'affitto, il cibo e gli altri obblighi, che indubbiamente devono essere rispettati. Ma se il corpo sta già gridando NO, è ancora la mia strada? Dove sono andata, dove mi sono persa lungo il cammino? Chi sono? Che cosa sono? E soprattutto, cosa voglio ancora essere, sperimentare, raggiungere?

Quando i significati dei suoi sintomi le vengono (resi) chiari, per prima cosa cambia il suo atteggiamento, la sua percezione di sé. Diventa sempre più consapevole e pone domande diverse alla vita. E traccia una linea. Va al lavoro e chiarisce al capo quali sono i suoi limiti d'ora in poi e li traccia per il suo capo e anche per molti colleghi. E gli rivela che cercherà un altro lavoro. Un lavoro che la soddisfi, in cui sia apprezzata e che la faccia anche sorridere durante la giornata.

Racconto questa storia perché mi è stato permesso di farne parte. Non so se il suo intero ambiente di lavoro sia cambiato o se abbia trovato soddisfazione in un nuovo lavoro. Ma poteva camminare di nuovo, e senza dolore. Ha sorriso di nuovo e ha acquistato fiducia in se stessa. La causa, meglio, ciò che il corpo stava cercando di dirle, era scomparsa.

C'era stato un cambiamento nella mente e quindi questo sintomo non era più necessario.

Che cosa ci dicono queste e innumerevoli altre esperienze simili tratte dalla pratica? Possiamo bloccare o guarire noi stessi e avere un'influenza decisiva su di esso. Il nostro pensiero, le nostre azioni, le nostre idee, prospettive, credenze, idee di ciò che siamo, hanno un effetto sul nostro corpo. Perciò non è sorprendente quando i pazienti, dopo fasi talvolta lunghe di terapia senza successo, improvvisamente sperimentano la guarigione attraverso una conversazione, uno sguardo nel subconscio, una consulenza spirituale, ecc. sperimentano la guarigione.

Anche una cicatrice su un meridiano può avere un effetto enorme. Restrizioni nei movimenti, mancanza di energia, problemi cardiaci, problemi gastrointestinali. Se queste cicatrici vengono riconosciute e cancellate, a volte accadono cose incredibili.

Ci sono molte cose che possono interferire con l'autoguarigione del nostro corpo. E molti metodi per trovarle e lavorarci su.

L'obiettivo del guaritore energetico sarà sempre quello di sostenere questa auto-guarigione.

Alcuni esempi di metodi noti di guarigione energetica

I metodi di guarigione energetica più noti includono il Reiki, la guarigione spirituale, varie applicazioni della kinesiologia, il lavoro sull'aura e sui chakra e il colloquio, il lavoro con le pietre, i sali di Schuessler, l'omeopatia, ma anche molti approcci e metodi meno conosciuti. A seconda di quanto ci si allontana dal materialismo e dallo spirituale, si può continuare questo elenco. La psicocinesiologia, le costellazioni familiari sistemiche secondo Bert Hellinger, la lettura della

Cronaca Akashica, la guarigione quantistica: il mondo della guarigione energetica è vasto.

REIKI

Reiki è una parola artificiale giapponese che significa energia vitale universale. È composta dai caratteri "rei", per spirito o anima, spirituale, ma anche "il tutto" e "ki", per energia vitale (nota anche come "chi").

Secondo la leggenda, la 'riscoperta' del Reiki risale allo studioso giapponese **Mikao Usui** (1865-1926), che trascorse la sua vita alla ricerca di un metodo per rafforzare il corpo e la mente. Sapeva da vecchi scritti che questo era possibile a livello energetico, ma che richiedeva un'iniziazione, ma non sapeva come ottenerla. Nel 1922, si dice che Usui, in quanto buddista, abbia avuto un'esperienza di illuminazione durante una meditazione di 21 giorni sulla montagna sacra Kurama, in seguito alla quale sviluppò **il "Usui-Reiki**".

Per molti praticanti di Reiki, Usui-Reiki rappresenta l'ingresso nel mondo del Reiki, ma anche della stessa guarigione energetica. Il Reiki di Usui viene trasmesso principalmente attraverso l'iniziazione diretta ai gradi da parte di un maestro/insegnante di Reiki e lavora con i simboli. Il Reiki Usui viene generalmente descritto da chi lo usa e da chi lo riceve come un'energia molto dolce.

Nel corso degli ultimi anni, un numero limitato di gradi (3° grado = Maestro) è diventato sempre più grande; oggi troviamo offerte di iniziazione fino al 21° grado. Si suppone che siano un'estensione del sistema Usui e che siano gradi light o grand master.

Cosa farne, ognuno deve deciderlo per sé, ciò che rimane è l'energia pura che, data dal guaritore giusto, farà la cosa giusta. Come sempre nella vita, si tratta di incontrare la persona giusta al momento giusto. Non lasci mai che i titoli di studio e i certificati colorati guidino la sua decisione. Approfondiamo ancora l'argomento "Come trovo il mio guaritore".

Un'altra forma di Reiki molto conosciuta è il "**Kundalini-Reiki**". Il Kundalini-Reiki risale al **maestro** asceso **Kuthumi** ed è stato canalizzato da Ole Gabrielsen, un insegnante di meditazione danese. Il Kundalini-Reiki viene trasmesso principalmente attraverso l'iniziazione a distanza, non richiede simboli ed è percepito come un'energia curativa molto potente. Anche in questo caso, attraverso la canalizzazione regolare da parte di Ole Gabrielsen, negli ultimi anni si è verificato un ulteriore sviluppo, grazie al quale la qualità e la forza dell'energia Kundalini sono state adattate all'energia e alla vibrazione più elevate della terra.

Questo ha portato al **Kundalini-Reiki-Millennium**, che include ulteriori energie Reiki (Reiki-Balance, Diamond-Reiki, Crystalline-Reiki, DNA-Reiki, Birth Trauma-Reiki, Location-Reiki e Past-Life-Reiki). Kundalini-Reiki-Millennium viene ora trasmesso in un'unica iniziazione e comprende i precedenti gradi da 1 a 3 (incluso il Master/Teacher) e i Booster da I a III, rendendo Kundalini-Reiki-Millennium attualmente il sistema Reiki più forte a me noto.

Tuttavia, non andrei da un praticante di Reiki che è stato iniziato esclusivamente al Millennium senza aver prima completato uno sviluppo nel Kundalini-Reiki accompagnato da un insegnante. Trasmettere il Reiki significa, come per ogni guaritore e terapeuta, lavorare prima su se stessi, curarsi e fare i conti con se stessi. Questo è un viaggio e non avviene in 30 minuti. Quindi cerchi la carriera e volentieri anche l'albero genealogico.

Esistono anche altri sistemi di Reiki, come Shamballa Reiki, Karuna Ki Reiki, Angel Ki Reiki, Gold Reiki e Full Spectrum Reiki, solo per citarne alcuni. Non si lasci scoraggiare. Il nome del sistema è meno importante, l'attenzione deve essere rivolta esclusivamente alla persona con cui si confida. E prima di imparare il Reiki da solo, esaminerà di proposito i sistemi e troverà quello o quelli più adatti a lei.

Per iniziare, le consiglio uno dei primi due sistemi citati.

Comune a entrambi, come al Reiki in generale, è che chi dà il Reiki non dà la propria energia (a meno che non lo faccia in modo sbagliato, nel qual caso sarà regolarmente debole dopo il trattamento), ma agisce solo come canale per l'energia corrispondente. Chi pratica il Reiki Usui si collega all'energia del Reiki attraverso il chakra della corona, chi pratica il Reiki Kundalini si collega alla Madre Terra attraverso il chakra della radice.

Per poter dare il Reiki, nei vari sistemi si svolge un'iniziazione o "sintonizzazione", in cui i chakra e i canali energetici vengono puliti e aperti. Questo è generalmente considerato un prerequisito per poter ricevere l'energia corrispondente come canale e trasmetterla attraverso i chakra delle mani. Consiglio sempre, sia che si tratti di iniziazione diretta o a distanza, di cercare un insegnante/maestro del sistema Reiki corrispondente e di lavorare insieme a lui. Ci sono anche persone che hanno mantenuto la loro capacità intrinseca di trasmettere semplicemente l'energia. Sentono il flusso di energia indipendentemente da un'iniziazione e spesso si stupiscono all'inizio di ciò che ottengono con gli altri senza averlo 'imparato'.

Per esempio, i bambini sono spesso ancora in grado di percepire l'aura (il campo energetico) intorno alle persone. Chieda a un bambino, quando disegna colori vivaci intorno alla testa e al corpo di persone dipinte, perché lo fa. Ho spesso assistito a bambini che parlavano di queste nuvole di colore che vedevano intorno alle persone. I bambini vedono esseri che noi non percepiamo (più).

Il caso più triste che conosco è stato quello di una bambina che teneva un uccello immaginario sulle mani e lo mostrava con orgoglio agli adulti. Il padre, che non aveva accesso, ha battuto entrambe le mani e... ha lasciato il segno sulla bambina.

Non rida mai dei suoi figli quando vede o percepisce qualcosa che le è precluso nei suoi confini.

GUARIGIONE DELLO SPIRITO

La guarigione spirituale o il guaritore spirituale è per la maggior parte delle persone l'epitome del guaritore energetico. Se si osserva un guaritore spirituale al lavoro, all'inizio si sorride con ignoranza. Con un operatore di Reiki, molti possono ancora accettare che egli canalizza e trasmette l'energia vitale. Le posizioni delle mani sono in parte ancora comprensibili per una persona 'ignorante'. ¶ Il primo contatto con un guaritore spirituale è solitamente un po' diverso. In occasione di fiere, mostre o altri eventi (per lo più spirituali), il guaritore sta in piedi o seduto accanto ai partecipanti che sono anch'essi in piedi, seduti o addirittura sdraiati. Essi "vedono" e "sentono" cose che in un primo momento pensiamo siano impossibili, perché non le percepiamo noi stessi. Parlano di verruche, lavorano con aste a una mano o con aste che hanno elettrodi su un lato. Con queste scansionano il corpo dei partecipanti. Altri guaritori spirituali lavorano in coppia sui loro clienti.

Due dei guaritori spirituali più noti in Germania sono **Horst Krohne** e **Bruno Gröning** (1906-1959), che è già deceduto. Bruno Gröning ha curato innumerevoli persone, ha tenuto molte conferenze e ha spiegato il suo lavoro attraverso una corrente di guarigione inviata da Dio e trasmessa alle persone attraverso di lui. Durante la sua vita e oltre, Bruno Gröning ha affrontato l'ostilità più dura e le sanzioni statali. I suoi seguaci e le innumerevoli persone "guarite" lo amavano e lo venerano ancora oggi. Per questo, ancora oggi viene talvolta descritto negli articoli come "Il più grande guaritore spirituale di tutti i tempi". Che sia stato un guaritore miracoloso o un ciarlatano, non ho alcun dubbio al riguardo. Ha portato sollievo e guarigione a molte persone nel suo tempo.

Horst Krohne, che è ancora attivo oggi e forma egli stesso i guaritori, è stato ospite e ha risposto alle domande in molti cicli di conferenze su questo tema ed è il fondatore della "Scuola di Guarigione Spirituale®". È tuttora considerato uno dei più illustri guaritori spirituali in Europa.

Horst Krohne ha scritto innumerevoli libri sulla guarigione spirituale:

- Il Libro della Casa della Guarigione dello Spirito
- La Scuola di Guarigione Spirituale
- Mani guaritrici
- Terapia del linguaggio degli organi
- Guarigione spirituale - dialogo con l'anima.

Solo da questa piccola selezione dei suoi libri si può vedere in quale direzione sta andando la guarigione spirituale. Lui stesso la descrive in uno dei suoi libri in questo modo: (vecchia grafia)

"La guarigione, tuttavia, non è qualcosa che si può fare, né con la guarigione spirituale, né con i farmaci o con qualsiasi altro metodo di trattamento medico convenzionale. Tutto ciò che viene trasmesso è l'informazione che porta all'autoregolazione. In questo, il guaritore ha la funzione di un insegnante che indica la causa della sofferenza e stimola la guarigione".

Il campo dei guaritori spirituali è vasto e ci sono anche molti veri ciarlatani. Non è facile distinguere i bravi da quelli meno bravi e dalle truffe.

Segua il suo cuore, il suo istinto, le esperienze di altri di cui si può fidare. Non porti un unsum a qualcuno di cui non ha una buona sensazione, ma ci provi se la sua voce interiore glielo consiglia.

OMEOPATIA

Innanzitutto, la classificazione dell'omeopatia come "guarigione energetica" dipende dal punto di vista dell'osservatore. Mi riferisco ad essa perché lavora con le informazioni nel regno sottile e quindi corrisponde alla modalità d'azione di base della guarigione energetica. Viene anche attribuita alle "terapie regolatrici", che dovrebbero equilibrare il corpo e la mente e attivare i poteri di autoguarigione.

L'omeopatia, composta dal greco "homoios" e "pathos", cioè "simile" e "sofferenza", risale al medico e farmacista tedesco Samuel Hahnemann (dal 1755 al 1843).

Hahnemann, insoddisfatto dei metodi prevalenti dei suoi colleghi professionisti dell'epoca - salassi, cure emetiche e lassative, somministrazione di farmaci a base di arsenico, piombo o mercurio erano ancora comuni - scoprì nella sperimentazione su se stesso e su altri soggetti sani (semplificata) che i farmaci e le sostanze naturali curano in una persona malata ciò che causano in modo simile in una persona sana. Questa "regola dei simili" - *Similia similibus curentur o* "principio di similitudine", incarna l'essenza dell'omeopatia e fu descritta da Hahnemann come "Che le cose simili siano curate da cose simili".

Per ogni rimedio in omeopatia esiste un quadro farmacologico che descrive l'effetto sui sani e sui malati. I rimedi disponibili, che consistono in piante, minerali e animali, tra le altre cose, sono stati e sono individuati attraverso il 'test farmacologico', valido ancora oggi, in cui la sostanza vacante viene somministrata alla persona sana e i sintomi che ne derivano vengono poi registrati e producono il quadro farmacologico.

Può vedere le immagini dei farmaci su Internet, all'indirizzo *https://www.homoeopathie-online.info/arzneimittelbilder-in-der-homoeopathie/.*

I rimedi omeopatici si trovano sotto forma di globuli e di gocce (contengono alcol). Sono "potenziati", il che significa che sono in forma diluita. Si possono trovare potenze D (1:10 ciascuna), potenze C (1:100) fino a potenze estremamente elevate di CM ($1{:}100^{100.000}$). Tuttavia, in omeopatia l'efficacia non diminuisce con la potenza = diluizione, ma si verifica il contrario. Più un rimedio è potenziato, più lavora a livello mentale e più precisamente l'immagine del rimedio deve adattarsi al sintomo. Mentre il profano di solito utilizza l'omeopatia nelle potenze D6/D12, C30 e la potenza D6/D12 ha un effetto piuttosto ampio e più strutturale, le potenze più elevate richiedono una selezione precisa e a volte vengono utilizzate solo in una singola dose o con lunghe pause tra le dosi.

Ci sono abbastanza libri ed elenchi su Internet per l'utente domestico. Se vuole lavorare in modo mirato, lontano da Arnica, Ruta, Apis e altri rimedi per la farmacia omeopatica di emergenza, non c'è modo di evitare un omeopata esperto. Avrà una lunga conversazione con lei per trovare i rimedi omeopatici e le potenze più adatte a lei.

L'omeopata può anche lavorare sui sintomi fisici e mentali e sui modelli di comportamento.

Brevemente qualcosa sull'efficacia, che spesso viene negata all'omeopatia o attribuita all'effetto placebo: Si chieda perché un effetto nei bambini e negli animali dovrebbe essere un effetto placebo. Se ora è aperto, lo provi. Se, invece, inizia a formulare una spiegazione che sì gli animali e i bambini attraverso il loro attaccamento alla madre o al proprietario... eccetera, allora lasci perdere, non è la sua strada. Potrebbe ancora aiutarla, ma non lo faccia con l'omeopata.

SALI DI SCHUESSLER

Qui sarò un po' più breve, se ha letto il capitolo sull'omeopatia vedrà le somiglianze.

I sali di Schüßler sono utilizzati sotto forma di globuli/tablet a base di lattosio e sono solitamente disponibili nelle potenze D6 e D12. Lo stesso Dr. Schüßler, medico omeopata, scoprì a suo tempo i sali di Schüßler da 1 a 12 (dal 1821 al 1889). Nel corso del tempo, a questi sali di base sono stati aggiunti altri 15 sali supplementari e la gamma è ancora in espansione.

Mentre i rimedi omeopatici sono utilizzati principalmente nella terapia per la guarigione, i sali di Schüßler sono spesso utilizzati anche a livello preventivo. Ad esempio, vengono spesso assunti in caso di carenze o per prevenirle, anche se in queste potenze non dovrebbero essere importanti come fornitori in sé; in questo caso sembrano funzionare più come apriporta o iniziatori per le cellule, in modo da stimolarle ad assorbire meglio i minerali corrispondenti dal cibo e a convogliarli nelle cellule, secondo il modo di pensare.

Un'applicazione classica e diffusa dei sali di Schuessler per uso domestico, conosciuta anche dai profani, è il "Caldo 7". Il sale di Schüßler n. 7 è il "Magnesium phosphoricum" e il magnesio è noto per avere un effetto rilassante sui muscoli e sulla natura.

Così, 10 globuli/tablet di sale n. 7 vengono messi in acqua calda, mescolati con un cucchiaio non metallico e bevuti a sorsi. Questo ha un effetto rilassante sui crampi e simili. Provi una volta e la ripeta ad una distanza alla quale berrebbe anche la camomilla, ad esempio se ha problemi gastrointestinali.

Può trovare maggiori informazioni sui vari sali di Schuessler, ad esempio, su *www.schuessler-salze-portal.de/schuessler-salze-liste.html*, ma anche molte altre fonti sono utili.

FIORI DI BACH

La terapia con i fiori di Bach risale al medico e ricercatore inglese Edward Bach (dal 1886 al 1936), un pioniere della medicina psicosomatica, ed è stata sviluppata sistematicamente da Mechthild Scheffer negli ultimi 25 anni.

Edward Bach ha scoperto e sviluppato un metodo naturale, facile da usare per tutti, per promuovere la salute mentale e quindi prevenire le malattie fisiche.

"I fiori di Bach originali sono per la maggior parte ancora raccolti in natura nei siti inglesi indicati da Edward Bach. 38 estratti di fiori appositamente preparati, provenienti da piante e alberi selvatici, sono utilizzati in "miscele di fiori di Bach" composte individualmente. Non hanno effetti collaterali e sono compatibili con ogni altra forma di terapia convenzionale e naturopatica.

L'originale Terapia dei Fiori di Bach è utilizzata oggi da molte persone per l'auto-trattamento e in numerosi studi e istituzioni di orientamento medico o psicologico".

(Fonte_Libro di lavoro Fiori di Bach, "Centro per lo sviluppo olistico del corpo, della mente e dell'anima")

I fiori di Bach hanno tre aree di applicazione,

- assistenza per la salute mentale
- Trattamento acuto delle situazioni di stress psicologico e delle crisi di vita
- Trattamento di accompagnamento delle malattie acute e croniche.

Molto conosciuto nella "farmacia delle emergenze" è il rimedio "Rescue Remedy", che, come suggerisce il nome, viene utilizzato principalmente nelle emergenze e nelle situazioni eccezionali ed è composto da cinque fiori di Bach. Che si tratti di ansia da esame, di una visita dal dentista o di una situazione drastica e sconvolgente, se i fiori di Bach fanno parte del suo repertorio, questo è il momento delle gocce di Rescue Remedy.

LA NUOVA OMEOPATIA SECONDO ERICH KÖRBLER

Con la nuova omeopatia secondo Erich Körbler, inizialmente si è tentati di pensare a un ulteriore sviluppo dell'omeopatia. Ma si tratta di un approccio diverso. Entrambi hanno in comune il fatto di lavorare a livello informativo.

La "Nuova Omeopatia secondo Erich Körbler" è chiamata anche "Medicina da dipingere", perché questo metodo utilizza vari simboli e segni che vengono dipinti sul corpo, ad esempio sulle cicatrici.

Erich Körbler (1938-1994) era un elettromeccanico e sviluppò questo metodo dalla "medicina geometrica dei popoli primitivi", come lui stesso la definì. Il potere e l'effetto dei simboli e dei segni geometrici sono noti da millenni, sono già stati trovati in vari popoli primitivi e nella mummia "Ötzi", risalente a circa 5000 anni fa, scoperta nel ghiacciaio italiano del Similaun nel 1991.

Per mezzo di un tensore, ad esempio l'asta a una mano, il pendolo, ma anche attraverso test kinesiologici, i campi di interferenza fisica, le intolleranze, le allergie e altro ancora vengono tracciati e poi dipinti con il segno corrispondente, che può anche essere testato. In questo modo, dovrebbe avvenire una riprogrammazione a livello energetico.

Qui vorrei descrivere un esempio illustrativo tratto dalla pratica.

Una donna ha una grande cicatrice sul braccio dopo un incidente in bicicletta e, anche dopo un lungo periodo di recupero, riesce a malapena a muoverlo fino all'altezza del petto, e lì finisce. Con questa persistente restrizione di movimento, cerca l'aiuto di un osteopata che, con molta esperienza e con quello che considero un eccellente metodo di trattamento, fa sì che la paziente abbia una gamma di movimenti fino all'altezza della testa in un tempo relativamente breve. Ma nonostante ulteriori trattamenti, anche in questo caso si arriva alla fine, non c'è più una via d'uscita.

E ora arriva la parte emozionante: l'osteopata chiede al guaritore energetico presente nello studio di dare un'occhiata al paziente. Con il consenso del paziente, il guaritore esamina la grande cicatrice chirurgica e scopre che rappresenta un disturbo sul meridiano che la attraversa. L'energia nel meridiano raggiunge solo questa cicatrice e non può fluire oltre. Il guaritore verifica la forza del disturbo con un bastone a una mano e determina così il segno körblerico corrispondente, che dipingerà poco dopo.

Il passo successivo è solitamente quello di verificare quanto tempo deve rimanere un segno applicato. Qui, in questo caso specifico, il segno mostra un effetto immediato, anche per lo stupore del guaritore stesso, già dopo l'applicazione. La paziente può immediatamente sollevare il braccio sopra la testa senza dolore.

Questo è certamente un risultato speciale e veloce, ma dimostra quanto possa essere semplice a volte.

Il sistema dei meridiani è noto da migliaia di anni, è parte integrante della MTC (Medicina Tradizionale

Cinese) e viene utilizzato anche nell'agopuntura secondo Penzel, nella digitopressione e in altri metodi di trattamento correlati.

La medicina per la pittura o la "nuova omeopatia secondo Körbler" è particolarmente adatta ai profani e agli utilizzatori autonomi. Esiste un'innumerevole letteratura sull'argomento, in cui sono ben descritti i singoli segni e la procedura.

PSICOCINESIOLOGIA E COSTELLAZIONI FAMILIARI SISTEMICHE

La psicocinesiologia (secondo il Dr. med. Dietrich Klinghardt) e le costellazioni familiari sistemiche (secondo Bert Hellinger) sono metodi che possono andare in profondità nel mondo emotivo e con i quali dovrebbe confidarsi solo con un terapeuta di provata esperienza.

In entrambi i sistemi, i problemi vengono "lavorati" direttamente con tecniche di interrogazione e guidati dal terapeuta.

La psicocinesiologia (PK) è un metodo spesso utilizzato quando ci si confida con un terapeuta in una seduta individuale e si desidera andare a fondo delle cause dei sintomi fisici e mentali, degli eventi ricorrenti, ecc. e quindi lavorare su di essi. Lo psicocinesiologo affronta il problema con l'aiuto del test kinesiologico dei muscoli o della lunghezza del braccio. Vengono utilizzati occhiali colorati, movimenti oculari e altro ancora per penetrare negli strati più profondi e anche per trovare e risolvere i "Conflitti Psicologici Irrisolti" (USK), che sono un processo di pensiero di base della PK. Gli USK, a seconda della loro gravità, scavano nel subconscio a diverse profondità e ci vuole un po' di lavoro per scoprirli. In parte, questo è dovuto al fatto che la mente inconscia si protegge da una nuova lesione sperimentando nuovamente le emozioni represse. Anche le tecniche di altri metodi psicoanalitici sono state introdotte nella PK e sono facilmente utilizzabili. Un esempio è il metodo del movimento oculare menzionato sopra per risolvere le USK riconosciute.

Una **costellazione familiare sistemica (FA)** si svolge principalmente in gruppo, solo raramente come seduta individuale. In una costellazione di gruppo, il partecipante (costellatore) nomina il suo problema, come il fumo, le paure costanti, il fallimento sul lavoro, le malattie, i problemi relazionali, il rapporto disturbato con i figli e i genitori e molto altro. Il terapeuta nomina un rappresentante del gruppo di partecipanti che assume il ruolo del costellatore nella 'costellazione'. Gli altri partecipanti diventano rappresentanti di altre persone e cose nell'ambiente (di solito la famiglia d'origine) del costellatore. Si posizionano liberamente nella stanza e si immergono in questo ruolo all'interno del campo morfogenetico. Improvvisamente si sentono come le persone che rappresentano. Ora spetta alle capacità del terapeuta lavorare con loro, per scoprire e liberare i legami energetici.

Con entrambi i metodi (PK e FA), le sedute spesso vanno al sodo. Vecchi traumi, repressi o mai percepiti (anche da vite precedenti) vengono rivissuti e elaborati. Quindi, in entrambi i casi, è necessario un terapeuta esperto che sappia coglierli e che sappia esattamente cosa sta facendo.

Oltre a molte esperienze positive con entrambi i metodi, vorrei anche raccontarle un esempio negativo. Ho vissuto personalmente una costellazione familiare in cui la terapeuta (apparentemente influenzata dalle sue esperienze personali) ha soppresso in modo massiccio il tema dell'abuso che è emerso più volte durante la costellazione. Questo mi è stato confermato dalla partecipante alla costellazione dopo che l'ho percepito e successivamente le ho chiesto spiegazioni. Anche un'altra partecipante lo aveva percepito nel suo caso e ce ne aveva parlato.

Non solo lo scopo di tale costellazione della famiglia d'origine è stato completamente perso di vista, ma i problemi irrisolti dei partecipanti sono rimasti e si è persa una grande opportunità. Il terapeuta, inoltre, non ha 'liberato' correttamente un rappresentante dal suo ruolo dopo la costellazione. Mentre il terapeuta era seduto a pranzo, la delegata tremava di paura e di freddo, rannicchiata su una sedia. Aveva assunto il ruolo della nonna morta, in cui era ancora energeticamente con tutti questi sentimenti ed emozioni.

Cosa sto cercando di dirle? Da questo esempio negativo può vedere quanto le persone nel campo morfogenetico possano identificarsi con l'altro, possano riprodurlo. Una benedizione nelle mani di un buon terapeuta e una maledizione allo stesso tempo se si finisce con quello sbagliato.

Fortunatamente, questa esperienza è rimasta un caso isolato e non si è ripetuta in altre costellazioni con altri terapeuti. Quindi vorrei toglierle il timore che queste esperienze rimangano casi isolati. E in una costellazione familiare sistemica in un gruppo, può anche partecipare e fare esperienza solo come rappresentante. Questo è un buon modo e lo raccomando. Molti partecipanti decidono poi spontaneamente di sottoporsi alla costellazione dei loro problemi.

Posso raccomandare sia la psicocinesiologia che le costellazioni familiari sistemiche se trova un buon terapeuta, ma le consiglio di informarsi prima su questo metodo, soprattutto nel caso delle costellazioni familiari, o di parlare con un ex partecipante. Ad esempio, ho accettato due fratelli perduti, che non ho mai potuto incontrare, ma che hanno avuto un ruolo decisivo nella mia vita e in una di queste costellazioni, e ho potuto dir loro addio.

EFT - TECNICA DI LIBERTÀ EMOZIONALE

Le EFT, in tedesco "tecniche per la libertà emozionale", sono uno strumento eccellente per l'autoapplicazione.

L'EFT è un concetto terapeutico di "psicologia energetica". Originariamente basato sulle scoperte e sulle esperienze dello psicologo clinico Roger J. Callahan negli anni '70 e '80 e chiamato Thought-Field-Therapy (TFT), il suo allievo, l'americano **Gary Craig,** ne ha sviluppato la Tecnica di Libertà Emozionale (EFT) nel 1984.

Callahan stesso ha applicato la sua forma di terapia al trattamento delle fobie e successivamente l'ha estesa a una serie di altri disturbi.

L'EFT è anche conosciuta colloquialmente come "tecnica di picchiettamento" e questo descrive già la procedura di base. Durante il trattamento di EFT (auto), picchietterà con le dita i punti meridiani del suo corpo. Un buon terapeuta le spiegherà questo metodo e le darà uno strumento per l'autoapplicazione. Aiutare se stessi è il motto.

Oltre a EFT, nella sua ricerca potrebbe imbattersi anche nel termine "MET". Da un lato, MET è il nome delle "Terapie energetiche dei meridiani" nel mondo anglosassone e l'EFT ne è un metodo. "M.E.T. nach Franke®", invece, è protetto da copyright perché Rainer Franke, originario della comunità EFT, chiama così la sua terapia di picchiettamento. Se vuole sapere qualcosa sulle "differenze" e sui motivi o "vincoli" di questa "ridenominazione", lo troverà su Internet. *(https://emofree.ch/haeufig-gestellte-fragen)*

Su Internet troverà molte più informazioni liberamente accessibili sull'EFT, che non è protetta né fortemente commercializzata.

A proposito,

"Nella primavera del 2012, l'EFT è stata riconosciuta come "metodo basato sull'evidenza" dall'APA (American Psychological Association) come metodo terapeutico scientificamente fondato".
(www.eft-info.com)

PIETRE, "ACQUA INFORMATA" E ALTRE COSE

Nel mondo della guarigione energetica, si presuppone, come già descritto, che nella parte più piccola tutto vibra e tutto è informazione. Questo vale anche per le pietre, i colori e molto altro.

I colori si possono trovare, ad esempio, sotto forma di occhiali colorati in kinesiologia.

La guarigione con le pietre ha una lunga tradizione. Esiste una quantità quasi ingestibile di pietre curative scoperte, che sono particolarmente ben descritte nei libri dell'operatore alternativo e psicoterapeuta Werner Kühni. Mi riferisco ai suoi libri:

- Enciclopedia della Medicina della Pietra
- Enciclopedia tascabile delle pietre curative.

Werner Kühni gestisce il primo museo e negozio di pietre curative a Stockheim, ha una formazione in omeopatia classica e lavora come operatore non medico specializzato nella guarigione con le pietre.

Di norma, le pietre curative vengono utilizzate per l'auto-trattamento o da terapeuti di orientamento spirituale. Se si trova in giro in un mercato in cui vengono offerte varie pietre, prenda in mano una di queste "pietre per le mani" e la senta. Forse improvvisamente sentirà un calore, un senso di benessere. Allora è la 'sua' pietra. Poi dia un'occhiata alle piccole descrizioni della pietra che di solito la accompagnano. Potrebbe essere che si senta indirizzato.

L'acqua non è considerata solo in medicina come l'elemento più importante, primo e più necessario per il nostro corpo. Si può stare qualche giorno senza cibo, si può accumulare una carenza di questo o quel minerale, vitamina, oligoelemento per un periodo di tempo più lungo, ma si può sopravvivere solo per un breve periodo di tempo senza acqua. Non voglio approfondire la funzione dell'acqua per il nostro corpo da un punto di vista biochimico.

Il contesto descritto in questo libro riguarda l'acqua come deposito e trasmettitore di informazioni. Come già descritto nel capitolo 2.4, con l'esempio del

Dr. Masaru Emoto, l'acqua, a seconda delle influenze esterne, assume determinate forme, modelli di vibrazione, strutture a grappolo, che rimangono per un certo tempo, fino a quando altre influenze non le cambiano. E così i terapeuti e gli auto-utilizzatori utilizzano l'acqua, ad esempio, per fornirle le informazioni desiderate e quindi portarle nel corpo. Si presume che le nostre cellule, tra le altre cose, possano essere informate in questo modo.

Uno discute il suo bicchiere d'acqua, l'altro lo appoggia su un pezzo di carta con le informazioni desiderate scritte sopra. Altri metodi consistono nel tenere l'acqua in una mano e una sostanza (ad esempio omeopatica) nell'altra. Poi si visualizza il passaggio dell'informazione dall'oggetto iniziale all'acqua. Esistono vari metodi e vale la pena che gli interessati li approfondiscano. Non costa quasi nulla, è a portata di mano e non vengono assorbite sostanze nocive, a meno che non si assuma acqua cattiva e inquinata.

CRONACA AKASHICA

Non vorrei nasconderle una possibilità che ho potuto conoscere e sperimentare personalmente. Leggere (lasciare) nella propria Cronaca Akashica.

Per favore, per una volta, cerchi di lasciare da parte tutte le "valutazioni". Qui, in questo libro, siamo comunque in un'area con alcuni metodi che possono sembrare difficilmente concepibili per molti, e assurdi per altri con la loro fede e la loro "comprensione scientifica". Ma non è mio obiettivo convincerla di questo modo di pensare e di percepire. Intendo questo libro come un'offerta per le persone interessate a immergersi in questo mondo una volta. Non tutti devono percorrere tutte le strade.

Torniamo alla Cronaca Akashica. Secondo i praticanti, si tratta di un campo di informazioni che circonda e permea tutti noi, l'intero universo e forse anche oltre, in cui sono immagazzinate tutte le informazioni su tutto ciò che è mai esistito, tutti i pensieri, le emozioni, gli eventi. È una vasta biblioteca di tutto l'essere.

Sono incluse anche le informazioni su ciò che accadrà per l'individuo, da un punto di vista "istantaneo". Poiché siamo tutti creatori del nostro essere, abbiamo la libera decisione di fare qualcosa in questo o quel modo in qualsiasi momento. Possiamo quindi determinare per noi stessi se ciò che accadrà al momento come risultato del nostro "essere così", poi effettivamente "rimarrà così", nel senso di "accadrà", o se noi come creatori lo manifesteremo in modo diverso. Già con la lettura e la "presa di coscienza" di ciò che è, qualcosa cambia in noi e quindi nel futuro.

Sia come sia, con una lettura nella sua Cronaca Akashica, può ottenere intuizioni sui processi della sua vita che prima le erano inaccessibili. Si tratta di un viaggio nell'inconscio, in ciò che non può essere percepito con la mente.

Cosa determina la mia vita? Come sono i miei muri autocostruiti a livello sociale e nell'ambiente di lavoro? Come gestisco i desideri, le emozioni? Cosa non sto "vivendo"? Cosa sto facendo che contraddice il mio desiderio di anima? Dove sono i miei traumi nascosti e quali sono?

Può incontrare il suo bambino interiore, possono nascere contatti con i defunti, i maestri ascesi o i suoi spiriti guida. Può sperimentare quali connessioni energetiche hanno ancora con lei le sue vecchie relazioni, i coniugi, le amicizie e le inimicizie. Può riconoscere ciò che la sua anima, il suo vero "io" vuole veramente.

Questo rimarrà sempre nascosto alla sua mente. E può lavorare su tutto questo.

Il primo contatto con la biblioteca della vita avviene di solito attraverso una lettura da parte di un'altra persona. Poi nasce spesso il desiderio di accedere alla Cronaca Akashica per sé e per gli altri. In linea di principio, tutti possono accedervi e leggerla. Per molti, tuttavia, rimarrà nascosta per il resto della loro vita. Ma coloro che intraprendono il loro cammino spirituale, prima o poi ne sentiranno parlare e chiederanno l'accesso. Allora il libro giusto, la persona giusta entrerà nella sua vita.

Raccomando il libro di Gabrielle Orr come letteratura,

- "Akashic Chronicle One True Love, Guida pratica alla lettura del Libro della Vita".

Posso solo dire che è una bellissima esperienza che non vorrei perdere.

Se vuole svilupparsi e diventare integro, a un certo punto deve affrontare il suo bambino interiore, le sue ferite, i suoi traumi e sentimenti sepolti. Ma una volta salito in cima, avrà una visione libera del sole e la sua vita cambierà radicalmente.

Le auguro un buon viaggio, se lo desidera.

A chi è rivolta la guarigione energetica?

QUAL È IL GRUPPO TARGET DELLA GUARIGIONE ENERGETICA?

Non esiste un gruppo target specifico dal punto di vista del guaritore. Chiunque metta piede nello studio di un guaritore energetico o voglia accettare la sua offerta di guarigione a distanza, sarà innanzitutto il benvenuto. Naturalmente, è importante come si sente nei confronti della guarigione energetica, se dà una possibilità al guaritore e a se stesso. Se si reca da un guaritore energetico pieno di riserve e non apertamente, sta boicottando se stesso in primo luogo. Se lui le impone le mani e lei rifiuta interiormente, il suo momento non è ancora arrivato.

Può darsi che l'energia fluisca comunque, ma è altrettanto possibile, e questa è la mia esperienza, che l'energia non sia lì per lei.

Qui ci sono diverse possibilità. L'energia vitale universale Reiki può fluire, le energie che un guaritore spirituale "usa" no. Non c'è motivo di guarire una persona che non è ancora pronta, perché ha ancora bisogno dei suoi sintomi e quindi si "sabota". Questo rifiuto, chiamato "autosabotaggio", avviene nel subconscio, spesso completamente inosservato dal cliente.

Maggiori informazioni su questo aspetto nel prossimo capitolo.

GUARIGIONE ENERGETICA - A MODO MIO?

I percorsi per diventare guaritore energetico o guaritore energetico come auto-utente sono diversi, così come sono diverse le persone. Se una persona come paziente intraprende il percorso per diventare guaritore energetico, medico energetico, operatore alternativo o praticante di Reiki, dipende da diverse circostanze, in gran parte dalla sua attitudine e dalla sua esperienza.

L'esperienza dimostra che chi sta compiendo un viaggio spirituale è più propenso a rivolgersi a un operatore non medico che a un medico. Se non ha mai affrontato questi argomenti o li ha affrontati poco, la sua prima visita sarà quasi sempre da un medico.

Poi ci sono, ad esempio, i pazienti che sono considerati "fuori trattamento", per i quali non si possono "trovare cause", che sono "psicosomatici" o che ricevono una diagnosi al limite della speranza. Spesso hanno alle spalle una lunga storia di sofferenza e le persone si sentono impotenti perché non ci si può più aspettare un miglioramento. Poi, a causa della loro apparente disperazione, spesso trovano altri approcci e provano possibilità che prima erano state derise.

Quindi, se è aperto a nuove vie e per una volta può anche solo permettere, anche se non ha un medico studiato seduto di fronte a lei, se non deve pensare a tutto e capirlo scientificamente, allora approfitti dell'opportunità che le si può presentare. Se, invece, ci prova ed è ancora pieno di rifiuti, innanzitutto non farà un favore a se stesso e forse toglierà una possibilità di guarigione. Se non è pronto per un cambiamento o per questo tipo di guarigione, se la sua resistenza è ancora troppo grande per poterla almeno permettere, la prego di non andare da un guaritore energetico. Tornerà a casa insoddisfatto.

Questo si vede spesso nel lavoro psicocinesiologico, ad esempio, dove i test kinesiologici vengono utilizzati per comunicare con il subconscio e lavorare su traumi, credenze negative, ecc. Nel caso dell'"autosabotaggio", ci sono risposte mutevoli o poco chiare, fino all'incapacità di fare il test. Un buon psicocinesiologo le farà dire, ad esempio, "Voglio guarire" e poi la sottoporrà al test. In questo modo potrà vedere se il suo subconscio la vede allo stesso modo o meno. E il nostro subconscio è la parte determinante, non la nostra coscienza.

Questo potrebbe essere il suo percorso come paziente. Ma che dire della sua candidatura?

Forse è sempre stato interessato a provarlo personalmente? Per avere a portata di mano un rimedio per lei e la sua famiglia, che può utilizzare a casa?

Forse anche lei, inconsapevolmente, ha agito in questo modo? Alla fine, non è tanto una questione di definizione, quanto piuttosto di prospettiva. Una madre che mette la mano sulla pancia o sulla testa del suo bambino quando lo stomaco brontola o la testa fa male, trasmette energia, informazioni, vibrazioni armoniose. Fa bene al bambino, che si sentirà a suo agio tra le braccia della madre e si riprenderà più rapidamente.

Come vogliamo descrivere questo effetto? Come un miracolo? Placebo, quindi? È l'effetto del calore, della compassione o della risonanza? In ogni caso, non sembra avvenire a livello materiale. Pensieri, emozioni, un sorriso, una parola gentile, un gesto rassicurante, l'ascolto e l'imposizione delle mani hanno effetti che difficilmente possiamo descrivere a livello puramente materiale. Tutto vibra, tutto è informazione, tutto è energia. La madre è un guaritore energetico?

Come potrebbe essere il suo percorso?
Il Reiki, ad esempio, è un tipico ingresso nel mondo della guarigione energetica. Molti privati, spesso dopo aver sperimentato il dono in prima persona, cercano un maestro e un insegnante di Reiki, si fanno introdurre nel mondo del Reiki, lavorano con loro per un po' e poi vengono iniziati per poter dare il Reiki da soli.

O EFT. Molti clienti che si sono rivolti a un consulente di vita o a un guaritore con ansie, per esempio, hanno acquisito questo metodo, che ha continuato ad accompagnarli nella loro vita successiva, senza che dovessero sempre rivolgersi a un terapeuta.

Ma forse è anche interessato a informarsi sul mondo dei fiori di Bach e a trovare l'essenza floreale giusta per sé o per un familiare?

Posso solo suggerire che se sente il desiderio di utilizzare i suoi poteri di guarigione, non abbia paura. Si informi sul metodo che la attira. Si unisca ai gruppi Facebook o ai gruppi di apprendimento nella sua zona. Partecipi a un seminario sul suo argomento.

Nel capitolo 3 le ho descritto alcuni tipi di guarigione energetica, forse ha già sentito l'accesso all'uno o all'altro dal suo istinto.

Scoperta di sé o "Chi sono io?".

Come posso trovare me stesso? Questo è un percorso che per alcuni richiede una vita intera e molti non ci arrivano mai. Altri sono soddisfatti e in pace con se stessi, ma hanno trovato se stessi? Che cos'è questo 'io'?

Le descriverò la mia concezione di come intendo la vita. Siamo anime che utilizzano un corpo per un certo periodo di tempo, al fine di acquisire esperienza su questa nostra bella terra. Si può entrare nei dettagli di questo argomento, ma non voglio farlo, andrebbe oltre lo scopo. Tuttavia, se siamo anime, non possiamo essere allo stesso tempo il corpo che abitiamo. Né possiamo essere la mente o lo spirito che formiamo solo nel corso della vita, alcuni più, altri meno, attraverso le esperienze, le tradizioni ancestrali, l'educazione, l'istruzione, i valori sociali e morali della comunità in cui cresciamo e viviamo. Quindi, se usiamo solo il nostro corpo e la nostra mente, chi siamo? Chi siamo veramente sono le nostre anime. Vale a dire, la parte di noi che ha iniziato il viaggio sulla terra e che lo lascerà per tornare a casa.

Ammetto che per molte persone questo punto di vista richiede molto tempo per abituarsi ed è addirittura idiota. Di nuovo, la mia richiesta è di non giudicare troppo, ma di prenderlo come un modo per capire la vita.

Corpo, mente e anima¶

È difficile o impossibile che la mente esca dal pensiero e dai valori. La mente o "il nostro spirito" è uno strumento. Valuta tutto sulla base dei suoi schemi di pensiero, delle sue esperienze fino ad oggi, che a loro volta sono pre-programmate dalle convinzioni precedentemente impartite su ciò che è giusto e sbagliato. Ciò che è sbagliato nella nostra società corrisponde a concetti morali in altre società. Gli animali che vengono allevati qui negli allevamenti di fabbrica per il consumatore finale sono sacri in altri Paesi. Cosa è giusto e cosa è sbagliato? Chi vuole decidere questo? Si tratta sempre di una valutazione della nostra mente, plasmata dalle circostanze in cui viviamo e siamo cresciuti.

La nostra anima, la parte che siamo veramente, non giudica. Per essa non esistono il bene e il male, il giusto e lo sbagliato. Semplicemente "è". Un'altra anima, che mi fa molto male, è qui per permettere a me come anima di provare la sofferenza e forse il perdono. Senza quest'altra anima, questa esperienza non sarebbe possibile per me. E per poter fare esperienze, sono nata in questo stesso corpo e in questa stessa unità familiare.

A un certo punto, entrambe le anime tornano a casa. Dove tutto consiste solo nell'amore e non ci sono anime "buone" e "cattive". Se trova qualcosa che le piace in questo modo di pensare, o almeno desidera saperne di più, le consiglio di dare un'occhiata alle pubblicazioni di Horst Tepperwein.

Come posso trovare il mio guaritore?

Ci sono molti sentieri e tutti hanno una cosa in comune: si inizia con il primo passo. E non percorrerà solo un sentiero, ne percorrerà un secondo e un terzo alla fine del primo, abbandonerà alcuni sentieri già al primo bivio. Ma ciò che porterà con sé, da ogni percorso, per quanto breve, sono le impressioni. Così come anche il sentiero più breve attraverso la natura ci invia un fiore, un insetto, un raggio di luce o il cinguettio di un uccello, ogni metro la arricchirà di esperienze per la vita.

POSSIBILI FONTI DI INFORMAZIONE

Le esperienze di conoscenti e amici vengono prima di tutto. In questo modo riceve impressioni da persone che conosce e che, si spera, possa anche valutare.

I forum, un tempo molto diffusi su Internet, si sono ridotti a favore di Facebook e, più recentemente, di Telegram.

Se ha un account Facebook, ha accesso a molti gruppi che sono stati formati su determinate malattie, opzioni terapeutiche, ecc. Nei gruppi ben gestiti ci sono persone intelligenti che sono terapeuti a loro volta e che saranno felici di rispondere a molte delle sue domande. Inoltre, vi troverà persone che soffrono dei suoi stessi sintomi e che si sono rivolte a molti medici, a volte per anni. Quindi, non solo potrà apprendere dai colleghi che hanno i suoi stessi problemi, ma anche quale strada hanno intrapreso o stanno ancora percorrendo per trovare una cura. Tuttavia, non voglio nascondere il fatto che ci sono anche gruppi mal gestiti in cui "cavalcano" molte persone che hanno molto tempo a disposizione e preferiscono usarlo per rispondere rapidamente a domande che non vengono poste e non hanno una competenza di base. Capirà subito cosa intendo.

Anche su Internet ha la possibilità di ottenere risultati con i giusti termini di ricerca. Io preferisco www.google.de perché è semplicemente il motore di ricerca più utilizzato e intuitivo da usare. Ad esempio, inserisca i seguenti termini di ricerca (a seconda di ciò che sta cercando)

- Luogo di residenza (se vuole limitare il viaggio)
- Guaritore Energetico
- Reiki, Akasha, ... (a seconda del metodo scelto)
- Esperienza (se ha trovato un guaritore e vuole la valutazione di altri).

Quando scrive delle esperienze su Internet, deve tenere presente che qualcuno è più propenso a scrivere se non è stato soddisfatto. La folla di persone soddisfatte non si preoccupa di raccontarlo agli altri. Gli insoddisfatti sono più veloci a sfogare la loro frustrazione. Quindi può emergere rapidamente un quadro unilaterale. Tuttavia, è una fonte utile se alcuni "problemi" vengono sollevati ripetutamente con un guaritore.

Dia un'occhiata ai siti web dei guaritori. Questo le darà una prima o ulteriore impressione di lui. La scelta delle parole, la rappresentazione di sé, la descrizione della sua carriera e dei suoi metodi. Il sito sembra essere molto orientato al profitto commerciale o il paziente è in primo piano? Si sente sulla stessa lunghezza d'onda con quello che vede?

E non dimentichi che anche un guaritore, per quanto creda nell'amore e nella luce, deve mangiare, bere e pagare l'affitto. Di solito ha alle spalle un lungo percorso di sviluppo personale, di cui lei potrà beneficiare.

"Molti guaritori hanno sperimentato in prima persona, nel corso di decenni, ciò che potrebbe condurla a lui. Se farà la scelta giusta, non avrà davanti a sé qualcuno che ha acquisito le sue conoscenze grazie a un corso di studi, ma che la vita ha plasmato con tutti i suoi 'compiti'".

con tutti i suoi 'compiti'".

(Maik Gollas, cartella informativa pazienti)

Quando avrà trovato un possibile guaritore per lei, sentirà in un primo colloquio se ci sarà una collaborazione o meno. Con un medico che opera a livello energetico o con un operatore alternativo, ha un appuntamento che viene poi pagato dall'assicurazione sanitaria o che deve pagare lei stesso come autopagatore. Con un guaritore spirituale, un consulente di vita spirituale, un guaritore, un medium, ecc. ¶ Lasci che la prima ora, la prima conversazione lavori su di lei e se non riesce a creare fiducia, se il suo stomaco o il suo cuore le dicono di no, allora per fortuna lasci perdere. Ogni cosa ha il suo tempo e il guaritore giusto entrerà nella sua vita al momento giusto.Con questo tipo di lavoro, la chimica deve essere giusta, il cuore deve essere aperto a nuovi impulsi, alle emozioni e alla fiducia.

E ancora una volta le mie parole, se la persona che sta cercando dice qualcosa su di lei o sulla sua vita che non può assolutamente "firmare", che provoca in lei un'indignazione interiore o addirittura un'aggressività dimostrata nei suoi confronti, allora la lasci affondare e guardi di nuovo l'argomento e ciò che è stato detto con un po' di distanza, dopo che le emozioni sono passate. E cerchi di non "giudicare" le parole, ma solo di prenderne nota. Il guaritore o il consulente di vita la percepisce "senza filtro". Non ha il problema di doverla guardare attraverso le sue esperienze e il filtro della sua (auto)percezione. E sempre, quando fa particolarmente male, il dito era proprio nella ferita.

Una breve escursione legale

Innanzitutto, non sono autorizzato a darle consigli legali o qualcosa che equivalga a consigli legali. Mi limiterò a nominare e citare alcune leggi importanti di cui dovrebbe essere a conoscenza se esercita la professione.

Per l'uso domestico, non è importante che lei imponga le mani su se stesso o sui suoi familiari e sostenga i loro poteri di autoguarigione su loro richiesta. Tuttavia, la invito a fare attenzione a fare "promesse di guarigione" o a parlare di "trattamenti" o "pazienti". Soprattutto quando scrive delle sue capacità sui social media.

Per i guaritori "praticanti", la situazione è ancora più "stretta". In questo caso, raccomando con urgenza di occuparsi intensamente del **§ 1 della Heilpraktikergesetz** (HPG) e della **Heilmittelwerbegesetz** (HWG).

Un guaritore non ha bisogno di un permesso secondo la Heilpraktikergesetz per poter lavorare.

Può trovare maggiori informazioni su questo argomento alla voce *https://www.dgh-ev.de/presse/geistiges-heilen-als-beruf-erst-seit-zehn-jahren-deutschland-legal.html,* un sito del "Dachverband Geistiges Heilen e. V." (DVGH)

La Corte Costituzionale Federale (BVG) ha emesso un'importante e utile **decisione di riferimento nel** 2004. La BVG ha dovuto pronunciarsi su un reclamo costituzionale presentato da un querelante contro una decisione del Tribunale Amministrativo dello Schleswig-Holstein (VG) e una sentenza del Tribunale

Amministrativo dello Schleswig-Holstein (VG), nonché una decisione precedentemente emessa dal distretto di Schleswig-Flensburg. Con il numero di caso **AZ 1BVR 784/03**, la BVG ha dichiarato nella sua decisione che il guaritore non esercita la professione medica ai sensi dell'HPG e quindi non ha bisogno di un'autorizzazione per la sua attività.

Le condizioni per questo sono descritte in dettaglio. Può trovare la formulazione completa sulla pagina della BNS da leggere e stampare. *(www.bundesverfassungsgericht.de/SharedDocs/Entscheidugen/DE/2004/03/rk20040302_1bvr078403.html)*

Un comunicato stampa del DVGH su questa decisione è disponibile sul sito web dell'associazione. *(https://www.bundesverfassungsgericht.de/SharedDocs/Entscheidungen/DE/2004/03/rk20040302_1bvr078403.html)*

I guaritori energetici al di fuori delle due professioni (medico, non medico) fanno regolarmente riferimento a questo giudizio nel loro lavoro e nella loro pratica, il Dachverband Deutscher Heiler e. V. (organizzazione ombrello dei guaritori tedeschi) e altri sottolineano che questo dovrebbe essere portato

all'attenzione del cliente anche per iscritto, prima dell'inizio della "seduta", e che in nessun caso si dovrebbe fare una promessa di guarigione.
Si legge così, per esempio:
Una nota importante per il mio lavoro come guaritore

Secondo la decisione della BVerfG, 1 BvR 784/03, del 2.3.2004, non faccio diagnosi mediche, non faccio promesse di guarigione e non eseguo alcuna terapia o trattamento in senso medico. Le mie azioni servono a recuperare o rafforzare e sostenere i poteri di autoguarigione del corpo e non sostituiscono il trattamento medico.
(Fonte_Volantino, www.zwei-strich-sinus.de)

Testo di accompagnamento e ringraziamenti

Vorrei ora liberarla dal mio mondo di pensieri e spero di averle dato alcune idee, informazioni e suggerimenti sulla guarigione energetica e sui suoi utenti. Non si preoccupi se alcuni approcci le sembrano troppo "spirituali" o addirittura "esoterici". Sarei felice se permettesse a me e ad altri di utilizzarli senza giudicare la persona. E chissà, forse un giorno, in un futuro lontano, potrà sentirsi come me.

Poi si consuma un libro che prima si rifiutava con veemenza in una notte e si acquista il volume successivo il giorno dopo. Per me è stato "Conversazioni con Dio" di Nils Donald Welsch.

Non mi resta che ringraziarla per il suo tempo e la sua pazienza con me e con il mio stile di scrittura.

Le auguro un periodo di successo e un buon viaggio.

1ª edizione

Contatto: Psiana eCom UG/ Berumer Str. 44/ 26844 Jemgum

Design di copertina: Fenna Larsson

Foto di copertina: depositphotos.com

9 798223 059196

Printed by Libri Plureos GmbH in Hamburg, Germany